Kurt Baller
Abendrot – Gutwetterbot

KURT BALLER

Abendrot – Gutwetterbot

1000 Bauern- und Wetterregeln

W. Ludwig Verlag

Überzug: Bernd und Christel Kaselow, München, unter
Verwendung einer Zeichnung von Dieter Hanitzsch

ISBN 3-7787-3431-8

© 1992 W. Ludwig Buchverlag
in der Südwest Verlag GmbH & Co. KG, München
Alle Rechte vorbehalten
Printed in Germany
Gesamtherstellung: Kösel, Kempten

Inhalt

VORWORT 7

DIE ZWÖLF MONATE 9
Januar 9
Februar 16
März 22
April 29
Mai 37
Juni 44
Juli 48
August 52
September 56
Oktober 61
November 65
Dezember 70

DER BAUERSMANN
UND SEINE ARBEIT
IN DEN JAHRESZEITEN 74
Frühling 81
Sommer 84
Herbst 86
Winter 88

DAS WETTER 93

Vorwort

Als mein Großvater mir die erste Bauernregel – es war die vom Hahn, kräht er auf dem Mist, sich das Wetter ändert oder bleibt wie's ist – beibrachte, wußte ich noch nicht, daß es circa 5999 weitere im deutschen Sprachraum gibt. Ich hielt ihn auch für den Schöpfer der anderen, die er mich lehrte, ohne zu wissen, daß bereits Jahrhunderte vor ihm Menschen ihre Lebenserfahrung, ihre Weisheit und ihr Wissen über das Wetter in bündigen Sprüchen formuliert hatten. Auch hielt ich – wie ich dachte – seine Sprüche und Regeln für unfehlbar, erkannte jedoch schon bald, daß ihrem Wahrheitsgehalt Grenzen gesetzt sind.
Dennoch, durch meinen Großvater drang ich ein in die reiche Welt der Bauernsprüche und Wetterregeln. Mehr noch. Ich lernte, auch über sie die Menschen besser zu verstehen und zu achten, die im harten Ringen mit sozialen Mißständen – Wenn die Bauern verderben, kann auch der Herr nichts erben – und Naturwidrigkeiten – Wer's Wetter scheut, kommt niemals weit – nicht nur sich selbst am Leben hielten, sondern dem Ständebaum „...seine Kraft verliehen und wieder von neuem mitteilten, wann er solche zuzeiten verlor..." (Grimmelshausen). Das alles bewog mich, eben solche zu Unrecht in Vergessenheit geratene Bauernsprüche und Wetterregeln zu sammeln.
Bauernsprüche und Wetterregeln sind im besten Sinne Volkssprüche. Über Jahrhunderte entstanden sie und wurden von Generation zu Generation meist nur in mündlicher Form zur Beherzigung weitergegeben. Viele gerieten in Vergessen-

heit, andere erhielten sich, neue kamen und kommen hinzu. Die formulierten Erfahrungen einiger Sprüche und Regeln erschließen sich uns heute nicht mehr, andere dagegen wiederholen sich. Ich habe mich deshalb bei meiner Auswahl auf 1000 beschränkt.

Daß bei den Sprüchen und Regeln oftmals ein Heiliger oder eine Heilige als Fixpunkt gewählt wurde, darf nicht wundern. Die Notwendigkeit, sich über den eigenen Kreis hinaus mittels der allbekannten Namenstage verständlich zu machen, und tiefe Religiosität sind die Ursachen.

Sicher, ihr meteorologischer Wert für uns Heutige ist umstritten, denn die Entstehung der Bauernsprüche und Wetterregeln ist an konkrete territoriale, historische und soziale Bedingungen geknüpft, die aus ihnen heraus nur im Einzelfall rekonstruiert werden können. Die Lust aber unserer Altvordern, Erlebtes und Erfahrenes auf eine kurze und deshalb leicht merkbare sprachliche Form zu bringen, teilt sich über die Sprüche und Regeln mit und bereitet Vergnügen.

Ist aber andererseits nicht der eine oder andere Spruch auch in unserer Zeit – gleich ob für den Kleingarten oder den großen Schlag, gleich ob für das Hausgetier oder die Großviehanlage – noch von Bedeutung?

Potsdam, 1992   *Kurt Baller*

Die zwölf Monate

Dreißig Tage hat der November,
Juni, April und September,
achtundzwanzig Hornung allein,
die anderen dreißig und ein.

JANUAR

Lacht der Januar im Kommen und Scheiden,
so bringt das Wetter noch viel Freuden.

Ein Jahr, das schlecht will sein,
stellt sich schwimmend ein.

Wenn der Januar ist sehr milde,
führt er gutes Frühjahr und heißen Sommer
im Schilde.

Wirft der Maulwurf recht spät erst die Haufen,
siehst du im Januar schon Mäuslein laufen.

Ist der Januar feucht und lau,
wird das Frühjahr trocken und rauh.

Rauhfrost auf der Flur –
milder Witterung Spur.

So viel Schnee –
so viel Klee.

Regen im Januar – doppelte Keime,
aber nur halbe Frucht in der Scheune.

Januar von Nebel weiß
schickt im Märzen Schnee und Eis.

Wenn im Januar noch der Flegel klingt,
dem Bauern das Geld in die Tasche springt.

Kommt im Januar der Frost nicht,
zeigt er im Märzen sein Gesicht.

Grüner Januar
macht das Bett zur Bahr'.

Wenn im Januar der Südwind brüllt,
werden die Kirchhöfe schnell gefüllt.

Wenn der Januar viel Regen bringt,
werden die Gottesäcker gedüngt.

Ist der Januar frostig und kalt,
lockt uns bald der grüne Wald.

Unter'm Schnee gefällt's
dem Korn wie Opa im Pelz.

Januar Schnee zu Hauf –
Bauer halt die Säcke auf.

Haben wir vor Januar und Hornung keinen Schnee,
will er im März und April nicht abgeh'.

Im Januar Donnergroll
macht Kisten und Kästen voll.

Schlummert im milden Januar das Grün,
so wird zeitig der Garten blüh'n.

Ist der Januar hell und weiß,
wird der Sommer sicher heiß.

Was dem Januar an Schnee gefehlt,
oft der weiße März erzählt.

Ist im Januar die Frucht aufgelaufen,
kann der Bauer ein Rittergut kaufen.

Tanzen im Januar die Mücken,
muß der Bauer nach dem Futter gucken.

Fährt der Bauer im Januar Schlitten,
muß er im Herbst um Säfrucht bitten.

Wenn der Januar trocken,
füllt sich der Speicher mit Roggen.

Januar hart und rauh
nützet dem Getreidebau.

Wächst das Korn im Januar,
wird es auf dem Markte rar.

Mückenspiel im Januar –
wird das Wiesenfutter rar.

Gibt's im Januar viel Regen,
bringt's den Früchten keinen Segen.

Reichlich Schnee im Januar
macht den Dung für's nächste Jahr.

Ist der Januar gelind,
die Trauben im Oktober trefflich sind.

Donnert es im Januar,
so mehret schnell der Fässer Schar.

Sturm und Regen bringt heran
ein Jahr, das Januar zu donnern begann.

Januarnebel bringt bei Ostwind Tau –
der Westwind treibt ihn aus der Au'.

Donnert's im Januar über's Feld,
so kommt später große Kält'.

Januar kalt –
das gefallt.

Auf harten Winters Zucht
folgt gute Sommerfrucht.

Im Januar Reif ohne Schnee
tut Bäumen und Pflanzen weh.

Wenn die Füchse bellen und die Wölfe heulen,
wird die große Kält' noch lange weilen.

Januar muß vor Kälte knacken,
wenn die Ernte gut soll sacken.

Wenn's auf kahle Bäume wittert,
kommt neue Kälte angeschlittert.

Wächst das Gras im Januar,
ist's im Sommer in Gefahr.

Wenn der Maulwurf wirft im Januar,
so dauert der Winter bis Mai sogar.

Januarsonne
hat weder Kraft noch Wonne.

Laufen die Haselmäuse,
fehlt's im Januar am Eise.

Morgenrot am Neujahrstage –
wird das ganze Jahr zur Plage.

Das Licht nimmt zu am Neujahrstag
so weit ein Mücklein gähnen mag.

Wenn an Neujahr die Sonne uns lacht,
gibt es viele Fische in Fluß und Bach.

Wie das Wetter an Macarius (2. 1.) war,
so wird es im September, trüb oder klar.

Ist Dreikönig (6. 1.) hell und klar,
gibt's viel Wein in diesem Jahr.

Dreikönig (6. 1.) wächst der Tag
so weit ein Hirschlein springen mag.

An Paulus Einsiedel (10. 1.) Sonnenschein
bringt viel Korn und Wein.

St. Paulus (10. 1.) klar,
gutes Jahr.
Bringt er Wind,
regnet's geschwind.

An Paulus Einsiedel (10. 1.) Sonnenschein,
bringt viel Korn und Wein.

St. Anton (13. 1.) nehmen die Tage zu
um eine Mönchsruh.

Wenn Antoni (17. 1.) die Luft ist klar,
so gibt es ein trockenes Jahr.

Vor Petri Stuhlfeier (18. 1.) die Nacht
zeigt, wie's das Wetter noch vierzig Tage lang
macht.

Joseph (19. 1.) klar –
gut Honigjahr.

Wenn Fabian (20. 1.) tanzen die Mücken,
so muß man den Kühen das Futter
bezwicken.

Fabian, Sebastian (20. 1.)
nimmt der Tauber die Taube an.

Sturm und Frost an Fabian (20. 1.)
ist den Saaten wohlgetan.

Fabian (20. 1.) im Nebelhut
tut den Früchten gut.

Fabian, Sebastian (20. 1.) –
da fängt der Baum zu treiben an.

Wenn Agnes (21. 1.) und Vincentius (22. 1.) kommen,
wird neuer Saft im Baum vernommen.

St. Vincent (22. 1.)
hat der Winter noch kein End'.

Vincent (22. 1.) Sonnenschein –
bringt viel Korn und Wein.

Pauli Bekehr (25. 1.) –
Gans, gib dein Ei her!

Auf Pauli Bekehr (25. 1.)
kommt der Storch wieder her.

Pauli bekehr dich (25. 1.) –
halb Winter scher dich.

St. Paulitag (25. 1.) schön und Sonnenschein
bringt großen Segen an Frucht und Wein.

St. Paulus (25. 1.) klar
bringt gutes Jahr,
doch bringt er Wind,
regnet's geschwind.

Friert es auf Virgilius (31. 1.),
im Märzen Kälte kommen muß.

FEBRUAR

Alle Monate im Jahr
verwünschen den schönen Februar.

Februar, der kürzeste der Mondenzahl,
ist auch der schlimmste hundertmal.

Im Februar müssen die Stürme fackeln,
daß dem Ochsen die Hörner wackeln.

Besser im Hornung frieren
als in der Sonn spazieren.

Wenn im Februar werden fette Vögel gefangen,
so kommt noch viel Kält gegangen.

Wenn im Februar die Lerchen singen,
wird's uns Frost und Kälte bringen.

Heftige Nordwinde im Februar
vermelden ein fruchtbares Jahr.

Wenn Nordwind im Februar nicht will,
kommt er sicher im April.

Weht im Hornung oft der West,
wird das Jahr nicht allerbest.

Singt die Amsel im Februar,
bekommen wir ein teures Jahr.

Im Februar viel Schnee und Eis
macht den Sommer heiß.

Friert es nicht im Hornung ein,
wird ein schlechtes Kornjahr sein.

Wenn die Katze im Februar in der Sonne
liegt,
im März sie wieder hinter den Ofen kriecht.

Ist der Hornung mäßig kalt,
keine gute Ernte fallt.

Ist der Februar trocken und kalt,
kommt im Frühjahr die Hitze bald.

Nimmt sich Hornung Schnee und Eis,
verdient er nächsten Mai den Preis.

Schnee im Hornung macht,
daß das Wetter bis zur Sichel lacht.

Bringt der Hornung Gewitter,
merkt's mit Schmerz der Schnitter.

Wenn der Hornung warm uns macht,
friert's im Mai noch oft bei Nacht.

Wenn im Februar die Mücken schwärmen,
muß man im März die Ohren wärmen.

Ist der Februar schön und warm,
friert man Ostern bis zum Darm.

Ist der Hornung mäßig kalt,
keine gute Ernte fallt.

Februar im Kot
bringt Krankheit und Not.

Viel Nebel im Februar –
viel Kälte im ganzen Jahr.

Weiße Gans im Februar
brütet Segen für's ganze Jahr.

Spielen die Mücken im Februar,
frie'rn Schaf und Bien' das ganze Jahr.

Dicke Abendnebel heben
öfter für die Nacht den Regen.

Ein kurzer Hornung, sagt der Bauer,
ist ein lauer.

Der Hornung gebiert Krankheit bald;
vermeid' Most, Bier und was ist kalt.

Februar hat seine Mucken –
baut aus Eis wohl feste Brucken.

Wenn im Hornung die Mücken geigen,
müssen sie im Märzen schweigen.

Wenn's der Hornung gnädig macht,
bringt der Lenz den Frost bei Nacht.

Lichtmeß (2. 2.) Sonnenschein –
es wird noch sechs Wochen Winter sein.

Lieber sein Weib auf der Bahr
als Lichtmeß (2. 2.) hell und klar.

Ist Lichtmeß (2. 2.) helle,
wird der Bauer ein Geselle.
Ist Lichtmeß ein dunkler,
wird der Bauer ein Junker.

Lichtmeß (2. 2.) im Klee –
Ostern im Schnee.

Am Lichtmeßtage (2. 2.) Sonnenschein –
Bauer, schließ dein Futter ein.

Zu Lichtmeß (2. 2.) noch das halbe Futter,
dann fehlt's dir nicht an Milch und Butter.

Lichtmeß (2. 2.) kalbt die Kuh
und legt das Huhn,
dann hat die Frau genug zu tun.

Lichtmeß (2. 2.) hell und klar
gibt ein gutes Roggenjahr.

Lichtmeß (2. 2.) hell und klar
bringt ein gutes Bienenjahr.

Wenn's zu Lichtmeß (2. 2.) stürmt und schneit,
ist das Frühjahr nicht mehr weit.

Gibt's an Lichtmeß (2. 2.) Sonnenschein,
wird ein spätes Frühjahr sein.

Vor Lichtmeß (2. 2.) Lerchengesang
macht um den Lenz nicht bang.

Lichtmeß (2.2.) verlängert den Tag um eine Stunde
für Menschen wie für Hunde.

Bringt Maria Reinigung (2.2.) Sonnenschein,
wird die Kälte hernach noch größer sein.

Scheint Lichtmeßtag (2.2.) die Sonne klar,
gibt's Spätfrost und ein fruchtbar Jahr.

Wenn es zu Lichtmeß (2.2.) stürmt und tobt,
der Bauer sich das Wetter lobt.

Lieber soll zu Lichtmeß (2.2.) der Wolf im Stalle hausen,
als die Sonne scheinen draußen.

Sonnt sich der Dachs in der Lichtmeßwoche,
geht auf vier Wochen er wieder zu Loche.

St. Blasius (3.2.)
man Lammbraten essen muß.

St. Agathe (5.2.), die Gottesbraut,
macht, daß Schnee und Eis gern taut.

Oft bringt Dorothe (6.2.)
noch den weißen Schnee.

Eier am Tag Valentin (14.2.)
bringen wenig Gewinn.

Kein Kalb, kein Huhn zur Zucht gelingt,
wenn's Valentin (14.2.) zu Lichte bringt.

An St. Valentein (14. 2.)
friert's Rad mitsamt der Mühle ein.

Findet der Storch St. Petri (22. 2.) offen den Bach,
kommt keine Frostdecke nach.

Auf St. Petri Fest (22. 2.)
sucht der Storch sein Nest,
von den Schwalben kommt der Rest.

Was man an Petri Stuhlfeier (22. 2.) machen soll?
Erbsen pflanzen und auch Kohl!

Wie's Petrus (22. 2.) und Matthies (24. 2.) macht,
so bleibt es noch durch vierzig Nacht.

Wenn Matthies (24. 2.) kommt herbei,
legt das Huhn das erste Ei.

St. Matthias (24. 2.) hab ich lieb –
er gibt dem Baum den Trieb.

Wenn neues Eis Matthias (24. 2.) bringt,
so friert's noch vierzig Tage;
wenn noch so schön die Lerche singt,
die Nacht bringt neue Plage.

Mattheis (24. 2.)
bricht's Eis –
findet er keins,
macht er seins.

Nach St. Mattheis (24. 2.)
geht kein Fuchs mehr über's Eis.

Roman (28. 2.) hell und klar
bedeutet ein gut Jahr.

Wenn an Fastnacht die Sonne scheint,
so kommt ein Winter nachgegreint.

Wie die drei Faschingstage schalten,
so werden sich drei Ostertage halten.

Fastnacht schön –
Blümlein bald steh'n.

Läuft an Fastnacht das Wasser im Wagenreif,
wächst der Flachs lang wie ein Pferdeschweif.

Geht die Sonne am Faschingsdienstag früh
auf,
so gerät die Frühsaat, merk's drauf.

Aschermittwoch zeiget an
wie die Fastenzeit sein kann.

MÄRZ

Der März am Schwanz,
der April ganz,
der Mai neu
halten selten treu.

Zu Anfang oder zu End
der März sein Gift send'.

Ein Malter Märzenstaub ist eine Krone wert;
doch allzu frühes Laub wird gern vom Frost
verzehrt.

Den Märzenstaub, ihr Leute, ehrt.
Ein Lot davon ist Taler wert.

Läßt der März sich trocken an,
bringt er Brot für jedermann.

Auf Märzenregen
dürre Sommer zu kommen pflegen.

Mitte Märzen
soll der Bauer im Feld rumsterzen.

Märzenstaub
bringt Gras und Laub.

Auf Märzenregen
folgt kein Sommersegen.

Märzenregen zeigen an,
daß große Winde zieh'n heran.

Mit Märzenschnee die Wäsche bleichen
macht alle Flecken weichen.

Fürchte nicht den Schnee im März.
Darunter schläft ein warmes Herz.

Wirft der Hirsch erst spät sein Geweih,
lauert er, daß es im März noch schnei'.

Das Lösegeld für einen König
ist für eine Schüssel Märzenschnee zu wenig.

Märzenschnee und Jungfernpracht
dauern kaum noch über Nacht.

Märzenschein
läßt noch nichts gedeih'n.

Märzensonne
kurze Wonne.

Im Märzen kalt und Sonnenschein –
wird die Ernte sehr gut sein.

Märzengrün
ist bald wieder hin.

Gewitter im Märzen
geh'n dem Bauern zu Herzen.

Wenn's donnert in den März hinein,
wird der Roggen gut gedeih'n.

Ist es im März viel feucht,
bleiben die Kornböden leicht.

Langer Schnee im März
bricht dem Korn das Herz.

Wenn im März die Winde wehen,
wird viel Korn im Felde stehen.

Siehst du im März gelbe Blumen im Freien,
kannst' getrost den Samen streuen.

Säst du im März zu früh,
ist's doch vergeb'ne Müh.

Wenn im März die Kraniche zieh'n,
werden bald die Bäume blüh'n.

Je größer der Staub im Märzen,
je schöner die Ernte der Erbsen.

Wer will dicke Bohnen essen,
darf des Märzen nicht vergessen.

Märzenferkel, Märzenfohlen
alle Bauern haben wollen.

Ist der März der Lämmer Scherz,
beißt der April sie in den Sterz.

Schlägt im Märzengrün der Fink,
ist es ein gefährlich Ding.

Frühes Märzenlaub
dient dem Frost als Raub.

Märzengras tut
nimmer gut.

So viel im Märzen Nebel steigen,
sich hundert Tage danach Gewitter zeigen.

Wind im März, naß im April –
bringt im Mai des Segens viel.

Wenn im März noch viel Winde weh'n,
wird's im Maien warm und schön.

So viel Tau im März,
so viel Regen nach Ostern,
so viel Nebel im August.

Was im März schon sprießen will,
das verdirbt dir der April.

Taut's im März nach Sommerart,
bekommt der Lenz einen weißen Bart.

Schreckt dich Donner im März,
wird fröhlich beim Ernten dein Herz.

Nebelt's im März,
windet's von südwärts.

Mit dem Märzen
ist nicht zu scherzen.

Schweigt im März der Kuckuck still,
klappert der Storch auf dem Dache viel,
zieht die wilde Gans in's Land hinein,
so wird's ein gutes Frühjahr sein.

Sind März und April zu trocken und licht,
so gerät das Futter nicht.

Wie die letzten Tage im März
wird die Herbstzeit allerwärts.

Regnet's stark zu Albinus (1.3.),
macht's dem Bauer viel Verdruß.

Ist Kunigunde (3.3.) tränenschwer,
dann bleibt gar oft die Scheune leer.

Wenn es Kunigunde (3. 3.) friert,
man's noch vierzig Tage spürt.

Wie das Wetter an vierzig Ritter (9. 3.) ist,
bleibt es vierzig Tage lang.

Friert's an Märtyrertag (10. 3.) recht,
so friert's noch vierzig Nächt.

Gregori (12. 3.) schön,
Fuchs läßt sich seh'n.
Gregori schlecht,
Fuchs bleibt versteckt.

An Gregor (12. 3.) kommt die Schwalbe
über des Meeres Port,
an Benedikt (21. 3.) sucht sie im Haus 'nen Ort,
an Bartholomä (24. 8.) ist sie wieder fort.

St. Gregor (12. 3.) und das Kreuz macht
den Tag so lang als wie die Nacht.

Bekannt ist, daß auf Gertrudfest (17. 3.)
der Storch besucht sein altes Nest.

Friert's an Gertrud (17. 3.),
der Winter noch vierzig Tage nicht ruht.

St. Gertrud (17. 3.)
legt Ent' und Put.

An Gertrud (17. 3.) ist gelegen,
die Bohne in die Erd zu legen.

Ist Gertrude (17. 3.) sonnig,
wird's dem Gärtner wonnig.

St. Gertrud (17. 3.)
die Erde öffnen tut.

Säst du Benedikt (21. 3.) die Zwiebeln,
werden sie das nicht verübeln.

Willst du Gerste, Erbsen, Zwiebeln dick,
dann sä' sie an St. Benedikt (21. 3.).

St. Benedikt (21. 3.)
macht die Möhren dick.

An St. Benedikt (21. 3.) acht wohl,
daß man Hafer säen soll.

Lein, gesät Marientag (25. 3.),
wohl dem Nachtfrost trotzen mag.

Ist's an Mariä Verkündigung (25. 3.) schön und hell,
gibt's viel Obst auf alle Fäll'.

Hat's in Mariennacht (25. 3.) gefroren,
so werden noch vierzig Fröste geboren.

Wenn der Sonnenaufgang an Mariä Verkündigung (25. 3.)
ist hell und klar,
so gibt es ein gutes Jahr.

Ist an Ruprecht (27. 3.) der Himmel rein,
so wird er's auch im Juli sein.

APRIL

April und Mai fürwahr
sind die Schlüssel für's Jahr.

Aprilwetter und Herrengunst –
darauf zu bauen, ist umsunst.

Wohl hundertmal schlägt das Wetter um –
das ist des Aprils Privilegium.

Bald trüb und rauh, bald licht und mild –
April, des Menschen Ebenbild.

April und Weiberwill
ändern sich sehr bald und viel.

Je mehr im April die Regen strömen,
desto mehr wirst du vom Felde nehmen.

April, dein Segen
heißt Sonne und Regen,
nur den Hagel
häng' an den Nagel.

Kommt der Storch schon im April,
weiß man nicht, was er hier will.

April dürre –
macht die Hoffnung irre.

Dürrer April
stellt die Mühle still.

April trocken –
macht die Keime stocken.

Sollen die Saaten gut gedeih'n,
muß die Erde trocken sein.

Schnee im April darf nicht lange währen,
soll er die Knospen nicht verzehren.

Der April ist noch so gut –
er schneit dem Bauer auf den Hut.

Quaken die Frösche im April,
noch Sonne und Regen kommen will.

Maikäfer, die im April schwirren,
müssen im Mai erfrieren.

Aprilflöcklein
bringen Maiglöcklein.

Bläst der April in's Horn,
steht's gut um Heu und Korn.

Bauen im April schon die Schwalben,
gibt's viel Futter, Korn und Kalben.

April naß und kalt
gibt Roggen wie ein Wald.

Wenn der April Spektakel macht,
gibt's Heu und Korn in großer Pracht.

Je früher im April der Schlehdorn blüht,
desto früher der Schnitter zur Ernte zieht.

Aprilschnee
bringt Gras und Klee.

Bringt der April noch Schnee und Frost,
gibt's wenig Heu und sauren Most.

Im April
wächst das Gras ganz still.

Gras, das im April wächst,
steht im Mai fest.

Bläst der April mit beiden Backen,
gibt es genug zu jäten und zu hacken.

Hat's im April tüchtig gegossen,
dann wird im Mai das Unkraut sprossen.

April macht die Knospen rund,
Mai öffnet ihnen den Mund.

Heller Mondenschein in der Aprilnacht
schadet leicht der Blütenpracht.

Zeigt sich im April die Blüte,
wird die Frucht von mäß'ger Güte.

Bauen im April schon die Schwalben,
gibt's viel Futter, Korn und Kalben.

April
frißt der Lämmer viel.

Donner im April
ist des Winzers Will'.

Aprilsturm und Regenwucht
künden Wein und gold'ne Frucht.

Bläst im April der Nord,
so dauert gutes Wetter fort.

Viel Schnee, den April entfernte,
läßt zurück eine reiche Ernte.

Im April ein Schauer Schnee –
keinem Dinge tut er weh.

Aprilschnee ist Mist –
Märzschnee frißt.

Der April kann rasen,
nur der Mai hält Maßen.

Grollt der Donner im April,
ist vorbei des Reifes Spiel.

Auf nassen April
ein trock'ner Juni folgen will.

Frösche zu Anfang April
bringen den Teufel in's Spiel.

Gebärdet sich der April wie toll,
werden Scheunen und Keller voll.

Hört man Donner im April,
viel Gutes der verkünden will.

Viel Nebel im April und Höhenrauch im Mai,
die führen wohl die Pest und Hungersnot
herbei.

April warm und naß –
tanzt die Magd um's Butterfaß.

Läßt der April feuern,
so füllen sich die Scheuern.

April, das ist der Mond,
in dem sich Spargelstechen nicht lohnt.

Schießt im April das Gras,
bleibt der Maimond kühl und naß.

Halten Birk und Weid ihr Wipfellaub lange,
ist zeit'ger Winter und gut Frühjahr im
Gange.

Heller Mondenschein im April
schadet der Blüte viel.

Der April die Blume macht,
der Mai gibt ihr die Farbenpracht.

Jetzt muß der Holunder sprossen,
sonst wird des Bauern Mien' verdrossen.

Mag der Wind blasen wie er will –
Ostern kommt vor Ende April.

Wind, der auf Ostern weht,
noch vierzehn Tage steht.

Woher zu Ostern der Wind kommt gekrochen,
daher kommt er sieben Wochen.

Regnet's in die Ostern hinein,
wird zu Wasser auch der Wein.

Am Gründonnerstag und Karfreitag Regen
gibt selten Erntesegen.

Gründonnerstag pflanz Myrthe ein,
dann wird sie dir zur Freud' gedeih'n.

Wenn's am Karfreitag regnet,
ist's ganze Jahr gesegnet.

Bringt Rosamunde (2. 4.) Sturm und Wind,
so ist Sybille (29. 4.) uns gelind.

Ist Ambrosius (4. 4.) schön und rein,
wird St. Florian (4. 5.) dann milder sein.

Ambrosius (4. 4.)
schneit oft dem Bauern auf den Fuß.

Wenn Maximus (5. 4.) tritt in die Hall',
so bringt er uns die Nachtigall.

Aaron und Justin (7. 4.)
helfen den Hafer zieh'n.

An Ezechiel (10. 4.)
geht der Lein nicht fehl.

Auf Tiburtius (14. 4.)
das Feld ergrünen muß.

Tiburtius (14. 4.) kommt mit Sang und Schall.
Er bringt den Kuckuck und die Nachtigall.

Valerian (14. 4.)
bringt den Kuckuck heran.

Daniel (16. 4.)
zum Erbsensäen wähl.

Auf St. Georgs (23. 4.) Güte
steh'n alle Bäum' in Blüte.

Sind an Georg (23. 4.) die Trauben blind,
so freuen sich Mann, Weib und Kind.

Auf St. Jürgen (23. 4.)
soll man die Kühe von der Weide schürgen,
denn die Wiese geht in's Heu,
ist St. Jürgentag vorbei.

Kommt St. Georg (23. 4.) auf dem Schimmel geritten,
so ist der Frühling wohl gelitten.

Gewitter vor St. Georgstag (23. 4.)
ein kühles Jahr bedeuten mag.

St. Georg (23. 4.) kommt nach alten Sitten
zumeist auf einem Schimmel geritten.

Zu St. Georg (23. 4.) ein Blütenmeer,
zu Matthäe (21. 9.) die Körbe leer.

Wenn Ostern auf Georgi (23. 4.) fällt,
erwartet großes Weh die Welt.

Hohes Korn zu St. Jürgen (23. 4.)
wird Gutes verbürgen.

Am Albertstag (24. 4.) versteckt ihre Socken
die Krähe im Roggen.

Wenn sich die Krähe auf Markustag (25. 4.)
im Roggenacker verstecken mag,
wird die Scheuer zu klein
für das Bäuerlein.

St. Markus (25. 4.)
Kornähren bringen muß.

St. Georg (23. 4.) und St. Marx (25. 4.)
drohen viel Arg's.

So lang die Frösche quaken vor Markustag
(25. 4.),
so lange schweigen sie danach.

Gefriert's auf St. Vital (28. 4.),
gefriert's noch fünfzehnmal.

In Walpurgisnacht (30. 4.) Regen oder Tau –
auf ein gut Jahr bau'.

MAI

Die erste Liebe und der Mai
gehen selten ohne Frost vorbei.

Des Maien Mitte
hat für den Winter noch eine Hütte.

Maienfröste –
unnütze Gäste.

Kühler Mai – ist 'ne alte Regel –
beschert viel Arbeit für Kelter und Flegel.

Ein kühler Mai wird hochgeacht',
hat stets ein gutes Jahr gebracht.

Blüht im Mai der Maulbeerbaum,
gibt's Kälte und Frost noch kaum.

Maimond kalt und windig
macht die Scheuer voll und pfündig.

Der Maikäfer Menge
bedeutet der Schnitter Gedränge.

Im Maien Tau
düngt die Au'.

Abendtau im Mai
gibt das rechte Heu.

Im Mai zartes und duftiges Gras
gibt gute Milch ohn' Unterlaß.

Nasser Mai –
volles Heu.

Wer Hafer sät im Mai,
der hat viel Spreu.

Blumenkohl im Mai
gibt Köpfe wie ein Ei.

Wer am Maienabend setzt Bohnen,
dem wird's lohnen.

Maischnee ist
besser als Schafsmist.

Ein nasser Mai
schafft Milch herbei.

Kühler Mai
schadet keinem Ei.

Abendtau und kühl im Mai
bringen Wein und vieles Heu.

Wenn im Mai die Wachteln schlagen,
künden sie von Regentagen.

Steht im Mai der Wind aus Süden,
ist Regen uns sehr bald beschieden.

Donner im Mai
führt guten Wind herbei.

Den Maien voll Wind
begehrt das Bauerngesind'.

Sonnenfinsternis im Mai
führt trockenen Sommer herbei.

Erst in der Mitte Mai
ist der Winter vorbei.

Wenn die Eiche Blätter kriegt,
ist der Frost gewiß besiegt.

Schöne Eichblüt' im Mai
bringt ein gutes Jahr herbei.

Trock'ner Mai – Juni naß.
Ist die Regel, merk dir das.

Maienstaub und Augustkot
machen teuer uns das Brot.

Ein heißer Mai
ist des Todes Kanzlei.

Maienregen auf die Saaten,
dann regnet es Dukaten.

Maienregen, mild und warm,
tut den Früchten keinen Harm.

Viel Gewitter im Mai,
singt der Bauer Juchei!

Im Mai Donnerschläge
bringen Dürre zuwege.

Gewitter im Mai
bringen Früchte herbei.

Wenn's im Mai noch wittert,
für die Ernte zittert.

Ein Jahr unfruchtbar sei,
wenn es viel donnert im Mai;
blühen aber die Eichen Ende Mai,
es ein gutes Schmalzjahr sei.

Stehend' Wasser im Mai –
den Wiesen Verderben bringt herbei.

Der Mai bringt Blumen das Gesichte,
aber dem Magen keine Früchte.

Maikäferjahr
bringt Gutes dar.

Je mehr Maikäfer verzehren,
je mehr wird's die Ernte beschweren.

Sind die Maikäfer angesagt,
wird ein Schoppen mehr gewagt.

Vom Tau, der im Maienmond fällt,
der Bauer vielen Segen erhält.

Auf einen nassen Mai
kommt ein feuchter Juni herbei.

Ein Wind, der von Ostern bis Pfingsten
regiert,
im ganzen Jahr sich wenig verliert.

Wenn wir Regen an Pfingsten bekommen,
wird uns die ganze Ernt' genommen.

Die Pfingsten naß –
wünsch' dir das.

Ist's von Ostern bis Pfingsten schön,
wird billige Butter am Markte steh'n.

Walpurgisnacht (1.5.) Regen oder Tau –
auf ein gut' Jahr bau'.

Jacobi (1.5.) hell und warm –
macht dich der Winter arm.

Reif am Philippitag (1.5.)
gute Ernte bringen mag.

Der Florian, der Florian (4.5.)
noch einen Schneehut setzen kann.

Wenn sich naht St. Stanislaus (8.5.),
rollen die Kartoffeln raus.

Bohnen lege dir erst an,
ist vorbei St. Gordian (10.5.).

Ist St. Pankrazius (12.5.) schön,
wird guten Wein man seh'n.

Die Pankrazi (12.5.), Servazi (13.5.) und
Bonifazi (14.5.)
sind drei frostige Bazi
und zum Schluß fehlt nie
die kalte Sophie (15.5.).

Pankraz (12.5.) und Urbanitag (25.5.) ohne
Regen
versprechen reichen Erntesegen.

Vor Nachtfrost bist du sicher nicht,
bis daß herein Servatius (13.5.) bricht.

Nach Servaz (13.5.)
findet der Frost keinen Platz.

Nach Servaz (13.5.) kommt kein Frost mehr,
der dem Weinstock gefährlich wär.

Kein Reif nach Servaz (13.5.),
kein Schnee nach Bonifaz (14.5.).

Bonifazius (14.5.)
man keine Gerste säen muß.

Sophie (15.5.) –
Flachs wächst bis an's Knie.

Gefriert's zu St. Petersnacht (19.5.),
so friert's nicht mehr hernach.

Helene (22.5.) –
wächst der Flachs gar schöne.

Wenn Urbani (25.5.) vor der Tür steht,
wird von klugen Bauern Flachs gesät.

St. Urban (25.5.), dem Herrn,
er bringt dem Getreide den Kern.

An Urban (25.5.)
die Hirse gut geraten kann.

Wenn St. Urban (25.5.) lacht,
so tun die Trauben weinen:
weint St. Urban,
so gibt's der Trauben nur ganz kleinen.

An Urban (25.5.) und Pankrazius (12.5.)
der Winzer die Ernte bemessen muß.

Wie Urbanus (25.5.) das Wetter hat,
so findet's in der Lese statt.

Scheint die Sonn' am Urbantag (25.5.),
wächst gut Wein nach alter Sag'.

St. Urban (25.5.)
ist ein kalter Mann.

Wie es sich an St. Urban (25.5.) verhält,
so ist's noch zwanzig Tage bestellt.

Urban (25.5.) den Sommer send't,
Symphox (28.8.) behält das End'.

Ist es kalt an Petronell (31.5.),
meßt den Flachs ihr mit der Ell'.

Auf Petronellentag (31.5.) Regen,
wird sich der Hafer legen.

JUNI

Die Lerche singt,
noch keinen Sommer bringt,
doch rufen Kuckuck und Nachtigall,
so ist es Sommer überall.

Menschensinn und Juniwind
ändern sich oft sehr geschwind.

Stellt der Juni mild sich ein,
wird mild auch der Dezember sein.

Juniglut und Dezemberkält –
mit beiden ist es gleich bestellt.

Juniglut
bringt den Müller um Hab und Gut.

Juni feucht und warm
macht den Bauern nicht arm.

Wenn der Juni kühl und trocken,
gibt's was in die Milch zu brocken.

Bläst der Juni in's Donnerhorn,
bläst er in's Land das liebe Korn.

Wenn im Juni Nordwind weht,
das Korn zur Ernte trefflich steht.

Kalter Juniregen
bringt Wein und Honig keinen Segen.

Juni trocken mehr als naß
füllt mit gutem Wein das Faß.

Nordwind, der im Juni weht,
nicht im besten Rufe steht.
Kommt er an mit kaltem Guß,
bald Gewitter folgen muß.

Bleibt der Juni kühl,
wird dem Bauern schwül.

Im Juni ein Gewitterschauer
macht das Herz gar froh dem Bauer.

Viermal Juniregen
bringt zwölffachen Segen.

Reif in der Juninacht
dem Bauern Beschwerden macht.

Kälte im Juni verdirbt,
was Nässe im Mai erwirbt.

Nikodemus (1.6.) kann noch warten,
Peter und Paul (29.6.), die müssen braten.

Was St. Medardus (8.6.) für Wetter hält,
solch Wetter auch in die Ernte fällt.

Wie's Wetter ist am Medardustag (8.6.),
bleibt es sechs Wochen lang danach.

St. Medardus (8.6.) bringt keinen Frost mehr,
der dem Weinstock gefährlich wär.

Medardus (8.6.) Regen
bringt der Gerste keinen Segen.

Ist's auf Medardus (8.6.) klar,
wird der Flachs wie ein Haar.

Hat Margaret (10.6.) keinen Sonnenschein,
dann kommt das Heu nie trocken ein.

Regnet's an St. Barnabas (11.6.),
schwimmen die Trauben bis in's Faß.

St. Barnabas (11.6.)
hat das längste Gras.

Regen am St. Vititag (15.6.)
die Gerste nicht vertragen mag.

St. Veit (15.6.) hat den längsten Tag,
Lucie (13.12.) die längste Nacht vermag.

Nach St. Veit (15.6.)
ändert sich die Zeit.
Alles geht auf die andere Seit'.

Wenn's an Vitus (15.6.) regnet fein,
soll das Jahr gar fruchtbar sein.

Wer da sät nach St. Vit (15.6.),
bekommt einen Schiet.

St. Vit (15.6.)
bringt Fliegen mit.

Wenn es regnet auf Gervasius (19. 6.),
es vierzig Tage regnen muß.

Der Kuckuck kündet teure Zeit,
wenn er noch nach Johannis (24. 6.) schreit.

St. Johannis (24. 6.) Regengüsse
verderben die besten Nüsse.

Stich den Spargel nie
mehr nach Johanni (24. 6.).

Vor St. Johannistag (24. 6.)
man keine Gerste loben mag.

Regen am Johannitag (24. 6.)
gibt viele Körner in den Sack.

St. Johann (24. 6.)
schlägt der erste Schnitter an.

Ein kluger Mann
sorgt für seinen Torf vor Johann (24. 6.).

Johannisregen (24. 6.)
bringt schlechte Ernten zuwegen.

Wer Teekräuter sammelt nach Johanni
(24. 6.),
der macht sich vergebliche Müh'.

Wenn's am Siebenschläfer (27. 6.) gießt,
sieben Wochen Regen fließt.

Wenn nach Siebenschläfer (27. 6.) der Kuk-
kuck noch lange schreit,
ruft er Mißernte und teure Zeit.

Schön zu St. Paul (29. 6.) –
füllt Tasche und Maul.

Petrum Purzel (29. 6.)
bricht dem Korn die Wurzel.

Regnet's an Peter und Paul (29. 6.),
wird die Weinernte faul.

JULI

Wer im Heuert nicht gabelt,
in der Ernte nicht zappelt,
im Herbst nicht früh aufsteht,
sieh zu, wie es im Winter geht.

Wechselt im Juli stets Regen mit Sonnenschein,
so wird im nächsten Jahr die Ernte reichlich
sein.

Im Juli will der Bauer schwitzen
und nicht hinter'm Ofen sitzen.

So golden die Sonne im Juli strahlt,
so golden sich der Roggen mahlt.

Julisonnenstrahl
gibt eine gute Rübenzahl.

Im Juli den Regen entbehren müssen,
das hilft zu kräftigen Kernen in den Nüssen.

Donnert's oft im Julius,
viel Regen man erwarten muß.

Fängt der Juli mit Tröpfeln an,
wird man lange Regen han.

Fällt kein Tau im Julius,
Regen man erwarten muß.

Sind am Abend über Wiese und Flur Nebel zu schauen,
wird die Luft anhaltend schön Wetter brauen.

Schnappt im Juli das Weidevieh Luft,
riecht es schon Gewitterduft.

Ohne Tau kein Regen –
heißt's im Juli allerwegen.

Julisonnenschein –
wird die Ernte reichlich sein.

Juliregen
nimmt den Erntesegen.

Wenn es im Juli im Sonnenschein regnet,
man vielem giftigen Mehltau begegnet.

Ist der Juli für die Bienen gut,
so brechen die früheren Monate nicht an Mut.

Türmt im Juli die Ameise den Haufen,
so mußt du viel Holz für den Winter kaufen.

Was der Juli zerbricht,
rettet der Dezember nicht.

Genauso wie der Juli war,
wird nächstes Jahr der Januar.

Mariä Heimsuch (2.7.) wird's bestellt
wie's Wetter vierzig Tag' sich hält.

An St. Kilian (8.7.)
säe Rüben an.

Kilian (8.7.), der heilige Mann,
stellt die ersten Schnitter an.

Sieben Brüder (10.7.) Regen,
bringt weder Nutzen noch Segen.

Ist Apostelteilung (15.7.) schön,
so kann das Wetter der sieben Brüder (10.7.)
geh'n.

Regen am Margaretentage (13.7.)
ist vier Wochen Regenplage.

Die erste Birn bringt Margaret (13.7.),
drauf überall die Ernt' angeht.

An Margareten (13.7.) Regen
bringt Heu und Nüssen keinen Segen.

Am Tage der heiligen Magdalen (22. 7.)
kann man schon volle Nüsse seh'n.

Magdalenen (22. 7.)
fehlt's nicht an Tränen.

Hundstage (23. 7.–23. 8.) hell und klar
zeigen auf ein gutes Jahr;
werden Regen sie bereiten,
kommen nicht die besten Zeiten.

Sind die Hundstage (23. 7.–23. 8.) heiß,
bringt das Jahr noch Schweiß.

Wenn der Jakobi (25. 7.) kommt heran,
man den Roggen schneiden kann.

Ist es drei Tage vor Jakobus (25. 7.) schön,
wird das Korn dauerhaft steh'n.

Fällt vor Jakobi (25. 7.) die Blüte vom Kraut,
wird keine gute Kartoffel gebaut.

Zu Jakoben (25. 7.)
wachsen die Rüben unten und oben.

Regnet's am Jakobitag (25. 7.),
kommt der schlechte Flachs noch nach.

St. Jakobustag (25. 7.) vormittag bedeuten tut
die Zeit der Weihnachten, das halt in Hut.

Von St. Ann (26. 7.)
gehen die kühlen Morgen an.

Werfen die Ameisen am Annatag (26.7.) auf,
so folgt ein harter Winter drauf.

Ist Florentine (29.7.) trocken blieben,
schickt sie Raupen in Korn und Rüben.

AUGUST

Fängt der August mit Donnern an,
er's bis zum End nicht lassen kann.

Wenn die Vögel mit ihrem Fette
die Federn sich schmieren, dann mach ich die Wette,
daß aus dem Garten und Wald auch, Herr Vetter,
gar bald verschwindet das garstige Wetter.

Der August muß Hitze haben,
sonst wird des Obstbaums Segen begraben.

Je dichter der Regen im August,
desto dünner wird der Most.

Viel Staub im August
macht dem Vieh kranke Brust.

Wenn's im August ohne Regen abgeht,
das Pferd vor leerer Krippe steht.

Wenn im August viele Goldkäfer laufen,
braucht der Wirt den Wein nicht zu taufen.

Wenn's im August stark tauen tut,
bleibt das Wetter meistens gut.

Im August der Morgenregen
wird sich meist vor Mittag legen.

Der August
gibt den Gust.

Wenn Kuckuck im August noch schreit,
gibt's im Winter teure Zeit.

Nasser August
macht teure Kost.

Wittert es viel im August,
du nassen Winter erwarten mußt.

Tau im August ist ungesund,
drum wisch die Frucht hübsch vor dem
Mund.

Tau im August
ist des Landmanns Lust.

Der Tau ist dem August so Not
wie jedermann sein täglich Brot.

Fängt August mit Hitze an,
bleibt sehr lang die Schlitterbahn.

Es pflegt im August beim ersten Regen
die Hitze sich zu legen.

Was August nicht vermocht,
kein September mehr kocht.

Hitze am Dominikus (4. 8.) –
ein harter Winter kommen muß.

Wenn's an Oswald (5. 8.) regnet,
wird teuer das Getreid'
und wären alle Berge
aus Mehl bereit'.

St. Lorenz (10. 8.) kommt in finstrer Nacht
ganz sicher mit Sternschnuppenpracht.

Schlechten Wein gibt's heuer,
wenn St. Lorenz (10. 8.) ohne Feuer.

Um Laurenzi (10. 8.) Sonnenschein
bedeutet ein gut Jahr mit Wein.

Nach Laurenzi (10. 8.) ist's nicht gut,
wenn's Rebholz jetzt noch treiben tut.

Öffnet Laurentius (10. 8.) die Wolkenschleuse,
gibt's auf den Feldern keine Mäuse.

Wie das Wetter am Hippolyt (13. 8.),
so es mehrere Tage geschieht.

Scheint die Sonne fein und klar nach
ihrer Art
an unserer lieben Frauen Himmelfahrt
(15. 8.),
so ist es ein gutes Zeichen bei den Leuten,
daß es wird viel guten Wein bedeuten.

Um Mariä Himmelfahrt (15. 8.), das wisse,
gibt's die ersten Nüsse.

Scheint die Sonne hell und zart
an Mariä Himmelfahrt (15. 8.),
wird es schönen Herbst bedeuten.
Sag das Sprüchlein allen Leuten.

Wenn St. Rochus (16. 8.) trübe schaut,
kommt die Raupe in das Kraut.

Wenn's Bartholomä (24. 8.) regnet,
wird der Herbst trocken
und die Kartoffel gesegnet.

Gewitter an Bartholomä (24. 8.)
bringen bald Hagel und Schnee.

Bleiben die Störche noch auf Bartholomä
(24. 8.),
so kommt ein Winter, der tut nicht weh.

Sind Lorenz (10. 8.) und Barthel (24. 8.) schön,
ist ein guter Herbst vorauszuseh'n.

Wenn im März die Veilchen blüh'n,
an Ludwig (25. 8.) schon die Schwalben zieh'n.

Um Augustin (28. 8.)
zieh'n die Wetter hin.

SEPTEMBER

Ist der erste hübsch und rein,
wird's der ganze Monat sein.

Durch Septembers heitren Blick
schaut manchmal der Mai zurück.

Der September entspricht dem März
wie der Juni dem Dezember.

Septemberregen
für Saat ein Segen –
dem Bauern gelegen.

Wenn der Septemberregen den Weinberg trifft,
so ist der Wein schlimmer als Gift.

Einer Rebe und einer Geiß
wird's im September nicht leicht zu heiß.

Soll der September den Bauern erfreu'n,
so muß er gleich dem Märzen sein.

Was im September soll geraten,
muß bereits im Juni braten.

Viel Schwammer –
viel Jammer.

Viele Pilze im Herbst –
strenger Winter werd's.

Wenn der September noch donnern kann,
so setzen die Bäume viel Blätter an.

Wittert's im September noch,
liegt im März der Schnee noch hoch.

Donnert's im September noch,
liegt der Schnee um Weihnacht hoch.

Wenn viele Spinnen kriechen,
sie den nahen Winter riechen.

Zieht's Eichhorn still in's Winternest,
so gibt's bald Kälte, klar und fest.

Viel Eicheln im September –
viel Schnee im Dezember.

Septembersaat
gibt dicke Mahd.

Schön Wetter hat noch auf vier Wochen
Aegidius (1. 9.) Sonnenschein versprochen.

Willst du Korn im Überfluß,
sä' es an Aegidius (1. 9.).

Ist Aegidi (1. 9.) ein heller Tag,
ich dir schönen Herbst ansag.

Aegidius (1. 9.) Regen
kommt ungelegen.

Wie der Hirsch Aegidius (1.9.)
in die Brunstzeit gehen muß,
wird er zu Michei (29.9.)
davon wieder frei.

Mariä Geburt (8.9.)
jagt alle Schwalben fort.

Wird Mariä Geburt (8.9.) gesät,
ist's nicht zu früh und nicht zu spät.

Kommen die Raupen zu Mariä Geburt (8.9.)
in den Kohl,
so sterben sie gleich nachher wie toll.

Ist Gorgon (9.9.) schön,
so wird man vierzig schöne Tage seh'n.

St. Gorgon (9.9.)
treibt die Lerchen davon.

Bringt St. Gorgon (9.9.) Regen,
folgt ein Herbst mit bösen Wegen.

Bischof Felix (11.9.) zeiget an,
was wir in vierzig Tagen für Wetter han.

Bläst Geizer Höhen (13.9.) in das Horn,
so heißt es, Bauer, sä' das Korn.

St. Ludmilla (16.9.), das fromme Kind,
bringt gerne Regen und Wind.

Lamberti (17. 9.) nimm Kartoffel heraus,
doch breite ihr Kraut auf dem Felde aus;
der Boden will für seine Gaben
doch ihr Gerippe wiederhaben.

Trocken wird das Frühjahr sein,
ist St. Lambert (17. 9.) klar und rein.

Wie's Matthäus (21. 9.) treibt,
es vier Wochen bleibt.

Matthies (21. 9.)
macht die Birnen süß.

Zwischen Matthäi (21. 9.) und Michei (29. 9.)
sind Tag und Nacht gleich.

Matthies (21. 9.)
macht die Trauben süß.

Wenn Matthäus (21. 9.) weint statt lacht,
oft aus Wein er Essig macht.

Weinhändler auf Matthäus (21. 9.) achten,
des Michel (29. 9.) Wetter auch betrachten.

Klares Wetter an Mauritius (22. 9.),
im nächsten Jahr viel Wind kommen muß.

Nebelt's an St. Kleophas (25. 9.),
wird der ganze Winter naß.

Gefriert der Wein um St. Michei (29. 9.),
so soll er auch frieren im nächsten Mai.

Tritt Matthäus (29. 9.) ein,
muß die Saat beendet sein.

Um Michaelis (29. 9.) in der Tat
gedeiht die beste Wintersaat.

An Michaeli (29. 9.)
kauft man gern Vieh.

Gibt Michaeli (29. 9.) Sonnenschein,
wird in zwei Wochen Winter sein.

Steh'n zu Michael (29. 9.) die Fische hoch,
kommt viel schönes Wetter noch.

Zieh'n die Vögel vor Michael (29. 9.),
blickt von fern der Winter scheel.

Michael (29. 9.) feucht –
Winter wird leicht.

Bringt St. Michel (29. 9.) Regen,
kann man im Winter den Pelz ablegen.

Wenn Michaelis (29. 9.) der Wind von Nord
und Osten weht,
ein harter Winter zu erwarten steht.

Fällt am Michaelistage (29. 9.) Regen,
am Gallustage (16. 10.) nicht,
dies ein gut Frühjahr verspricht.

Wenn der Erzengel (29. 9.) sich die Flügel
badet,
zu Weihnachten der Regen schadet.

Regnet es an Michaeli (29. 9.) ohne Gewitter,
folgt meist ein milder Winter.

Sind Zugvögel nach Michaelis (29. 9.) noch hier,
haben bis Weihnachten lind Wetter wir.

Willst du wissen, wie das Jahr geraten soll,
so merke folgende Lehre gar wohl:
nimm wahr den Eichapfel am Michaelistag (29. 9.),
an welchem man das Jahr erkennen mag:
haben die Spinnen, so folgt kein gutes Jahr,
haben die Fliegen, so folgt ein Mitteljahr,
fürwahr, haben sie Maden, so wird das Jahr gut,
ist nichts darin, so hält der Tod den Hut.

OKTOBER

Ist im September schlechtes Wetter,
wird's im Oktober sicher netter.

Ist im Oktober das Wetter hell,
bringt es Wind und Wetter schnell.

Oktober und März
gleichen sich allerwärts.

Durch Oktobermücken
laß dich nicht berücken.

Fällt der erste Schnee in den Schmutz,
vor strengem Winter kündet er Schutz.

Scharren die Mäuse sich tief hinein,
so wird ein harter Winter sein.

Wenn's im Oktober donnert und wetter-
leucht',
der Winter dem April an Launen gleicht.

Oktobergewitter sagen beständig,
daß der Winter sei wetterwendig.

Nordlicht im Oktober, glaube mir,
verkündet herben Winter dir.

Oktoberhimmel voller Sterne
hat warmen Ofen gerne.

Trägt der Hase lang sein Sommerkleid,
ist der Winter noch sehr weit.

Im Oktober Frost und Wind –
Januar und Februar gelind.

Fette Vögel, fette Dächse
bringen kalte Winternächte.

Ist der Oktober kalt,
so macht er für's nächste Jahr dem Raupen-
fraß Halt.

Oktoberregen
verspricht ein Jahr voll Segen.

Nichts kann mehr vor Raupen schützen,
als wenn der Oktober erscheint mit Pfützen.

Oktobergewitter
sind Leichenbitter.

Hat der Oktober viel Regen gebracht,
hat er die Gottesäcker bedacht.

Wenn's im Oktober wetterleuchtet,
noch mancher Regen die Äcker feuchtet.

Fällt das Laub Leodefar (2. 10.),
so ist das nächste Jahr ein fruchtbares Jahr.

St. Pelei (8. 10.)
führt Donner und Hagel herbei.

St. Burkhardi (14. 10.) Sonnenschein
schüttet Zucker in den Wein.

Zu Theres (15. 10.)
ist die Weinles'.

Mit Hedwige (15. 10.)
tritt der Saft in die Rübe.

Auf St. Gall (16. 10.)
bleibt die Kuh im Stall.

Muß Gallus (16. 10.) Buttenträger sein,
ist's schlechtes Zeichen für den Wein.

Ist St. Gallus (16. 10.) nicht trocken,
folgt ein Sommer mit nassen Socken.

St. Gallus (16. 10.)
stampft Kappus.

Auf St. Gallentag (16. 10.)
muß jeder Apfel in seinen Sack.

Regnet es an St. Gallustag (16. 10.) nicht,
es dann im nächsten Frühjahr an Regen gebricht.

Mit Hedwig (15. 10.) und Galle (16. 10.)
sind die Vögel alle.

St. Lukas (18. 10.), Evangelist,
bringt Spätroggen ohne Mist.

Wer in der Lukaswoche (18. 10.) Roggen streut,
es nicht in der nächsten Ernt' bereut.

Von Lukas (18. 10.) bis St. Simonstage (28. 10.)
zerstört der Raupennester Plage.

An Ursula (21. 10.) muß das Kraut herein,
sonst schneien Judas und Simon (28. 10.)
drein.

St. Ursel (21. 10.), o Graus,
zieht die Bäume aus.

Lacht St. Ursula (21. 10.) mit Sonnenschein,
wird wenig Schnee vorm Christfest sein.

Wenn's Severinus (23. 10.) gefällt,
bringt er mit die erste Kält.

Simon und Judas (28. 10.)
fegen's Laub in die Gass'.

Wenn Simon und Judas (28. 10.) vorbei,
so rückt der Winter herbei.

Simon Jude (28. 10.)
schmeißt uns Schnee auf die Bude.

Wer Weizen säet am Simonstage (28. 10.),
dem trägt er gold'ne Ähren, ohne Frage.

Wenn Simon Jude (28. 10.) schaut,
so pflanze Bäume, schneide Kraut.

Wolfgang (31. 10.) Regen,
verspricht ein Jahr voll Segen.

NOVEMBER

Haben die Hasen ein dickes Fell,
wird der Winter ein harter Gesell.

Ruhen die Nebel im Wald,
kommt der Winter bald.

Fällt im November das Laub sehr früh zur Erden,
soll ein feiner Sommer werden.

Der echte Bauer weiß es wohl,
daß im November man nässen soll.

Bringt November Morgenrot,
der Aussaat viel Regen droht.

Im November – Vollmond, Gewitter –
Getreide im Flachland bitter.

Im November Wässerung
ist der Wiesen Besserung.

Fahr im November deinen Mist,
denn wenn so überwintert ist,
dann ist der Mist des Bauern List.

Im November Mist fahren,
soll das Feld vor Mäusen bewahren.

Novemberwind
scheut Schaf und Rind.

Strenger Nebel, Nebelregen,
schauen dem Winter entgegen.

Sitzt November fest im Laub,
wird das Wetter hart, das glaub.

Läuft viel herum die Haselmaus,
bleibt Schnee und Eis noch lange aus.

Je mehr Schnee im November fällt,
um so fruchtbringender wird das Feld.

Ist der November kalt und klar,
wird trüb und kalt der Januar.

Der Mai kommt gezogen
wie der November verflogen.

Wenn im November die Wasser steigen,
dies nassen Sommer will anzeigen.

Schwacher Balg am Wilde
zeigt an des Winters Milde.

Ob der Winter kalt oder warm soll sein,
so gehe am Allerheiligentag (1. 11.) so fein
in das Gehölz zu einer Buchen.
Allda magst du folgendes Zeichen suchen:
Hau einen Span davon und ist der trucken,
so wird ein warmer Winter herrucken;
ist aber naß der abgehauene Span,
so kommt ein kalter Winter auf den Plan.

Allerheiligen (1. 11.) feucht,
wird der Schnee nicht leicht.

Soll der Winter glücklich sein,
tritt Allerheiligen (1. 11.) der Sommer ein.

Ist's Brustbein an der Martinsgans (11. 11.) braun,
wirst du bald vielen Schneefall schaun.

Ist der Brustknochen der Martinsgänse (11. 11.) weiß,
hat's keinen Mangel an Schnee und Eis.

Kommt Martin (11. 11.) heran,
so hat der gute Wirt das Dreschen getan.

Kehrt Martin (11. 11.) ein,
ist jeder Most schon Wein.

Wie St. Martin (11. 11.) führt sich ein,
soll zumeist der Winter sein.

Hat Martini (11. 11.) einen weißen Bart,
dann wird der Winter hart.

An Martini (11. 11.) Sonnenschein,
tritt ein kalter Winter ein.

Wer will wohl verstehen das,
ob der Winter werd dürr oder naß,
der den Martinstag (11. 11.) betracht,
das Siebengestirn auch nehm in acht,
auf ein naß Wetter zur Hand
folgt ein Winter im Unbestand;
wenn aber die Sonne scheint wohl,
ein harter Winter folgen soll.

St. Martin (11. 11.) weiß –
nichts mehr von heiß.

St. Martin (11. 11.) –
Feuer im Kamin.

Der Sommer, den St. Martin (11. 11.) beschert,
drei volle Tage und ein bißchen währt.

Macht St. Martin (11. 11.) ein böses Gesicht,
so taugt der ganze Winter nicht.

Wolken am Martinitag (11. 11.) –
der Winter unbeständig werden mag.

Ist es an Martini (11. 11.) trüb,
wird der Winter auch nicht lieb.

Wenn die Gänse zu Martin (11. 11.) auf dem
Eise steh'n,
müssen sie zu Weihnachten im Kote geh'n.

Den Martin (11. 11.), den Andreas (30. 11.)
sieht man lieber dürr als naß.

Von Martin (11. 11.) bis zum Weihnachtsfest
geht es jedem Armen schlecht.

St. Elisabeth (19. 11.) sagt an,
was der Winter für ein Mann.

Dem heiligen Clemens (23. 11.) traue nicht,
denn selten zeigt er ein mild' Gesicht.

Wer eine Gans zum Essen mag,
beginnt zu mästen sie am Katharinentag
(25. 11.).

Kathrein (25. 11.)
tut die Schafe rein.

Schafft Katharina (25. 11.) vor Frost sich
Schutz,
so watet man lange draußen im Schmutz.

Kathreine (25. 11.)
hält den Winter im Schreine.

Katharinenwinter (25. 11.) –
ein Plackwinter.

So schau in der Andreasnacht (30. 11.),
was für Gesicht das Wetter macht;
so wie es ausschaut, glaube fürwahr,
bringt's gutes oder schlechtes Jahr.

Andreasschnee (30. 11.) kann lange liegen,
Hubertusschnee (3. 11.) im Graben versiegen.

Topf und Faß füllt Andreas (30. 11.) und
Walpurgis (1. 5.) schaut ihm auf den Grund.

Andreasschnee (30. 11.)
tut Korn und Weizen weh.

Nach Andries (30. 11.)
ist der Winter gewiß.

DEZEMBER

Ist Weihnachten kalt,
kommt der Winter hart und der Frühling
bald.

Je näher die Hasen zum Dorfe rücken,
desto ärger sind des Eismonds Tücken.

Kalt Dezember und fruchtbar Jahr
sind vereinigt immerdar.

Dezember kalt mit Schnee,
tut dem Ungeziefer weh.

Weihnachten wächst der Tag
so lang ein Mücklein gähnen mag.

Wer sein Holz zu Weihnachten fällt,
dem sein Gebäude zehnfach hält.

Christmond im Dreck
macht der Gesundheit ein Leck.

Fließt jetzt noch der Birkensaft,
kriegt der Winter keine Kraft.

Weihnachten naß –
leere Speicher und Faß.

Ist es grün zur Weihnachtsfeier,
fällt der Schnee auf Ostereier.

Dezember veränderlich und lind –
der ganze Winter ein Kind.

Dezember kalt mit Schnee
gibt Frucht auf jeder Höh.

Dezember kalt mit Schnee
gibt Korn auf jeder Höh'.

Im Dezember Schnee und Frost –
das verheißt viel Korn und Most.

Auf kalten Dezember mit tüchtigem Schnee
folgt ein fruchtbar Jahr mit reichlichem Klee.

Weht der Dezemberwind aus Ost,
bringt er den Kranken schlechten Trost.

Fließt Nikolaus (6. 12.) noch der Birkensaft,
dann kriegt der Winter keine Kraft.

Regnet's am St. Nikolaus (6. 12.),
wird der Winter streng und kraus.

St. Thomas (21. 12.) bringt die längste Nacht,
weil er den kürzesten Tag gebracht.

Mit Thomas (21. 12.) der Tag zu wachsen
beginnt
und das Wasser knochenhart gerinnt.

Wie die Witterung an Adam und Eva (24. 12.),
so bleibt sie bis Ende des Monats.

Wenn's Christkindlein (24. 12.) Tränen weint,
vier Wochen keine Sonne scheint.

Spielen zu Weihnachten die Mücken,
wird sie zu Johannes (24. 6.) die Kälte zwicken.

Steckt die Krähe zu Weihnachten im Klee,
sitzt sie zu Ostern oft im Schnee.

Hängt zu Weihnachten Eis an den Weiden,
kannst du Ostern Palmen schneiden.

Wenn das Christkind ist geboren (24. 12.),
haben Möhren und Rüben den Geschmack
verloren.

Viel Wind in den Weihnachtstagen
reichlich Obst die Bäume tragen.

Klappern die Bäume von Eis in den Weihnachtstagen,
so werden sie im nächsten Jahr viele Früchte tragen.

Weihnachten
mögen die Bauern Schweine schlachten.

Wenn Weihnachten der Mond zunimmt,
dann ist das Jahr drauf gut gesinnt.

Fallen in der Christnacht Flocken,
der Hopfen sich wird gut bestocken.

Bläst der Wind am Stephanitag (26. 12.) recht,
wird im Jahr der Wein nur schlecht.

Scheint am Stephanstag (26. 12.) die Sonne,
so gerät der Flachs zur Wonne.

Haben's die unschuldig Kindlein (28. 12.) kalt,
so weicht der Frost noch nicht so bald.

Der Bauersmann und seine Arbeit in den Jahreszeiten

St. Clemens (23. 11.) uns den Winter bringt,
St. Petri Stuhl (22. 2.) dem Frühling winkt,
den Sommer bringt uns St. Urban (25. 5.),
der Herbst fängt um Bartholomä (24. 8.) an.

Der Lenz tut die Äpfel schmalzen,
der Jakob (25. 7.) sie salzen,
der Barthel (24. 8.) gibt ihnen Geschmack,
der Michel (29. 9.) bricht sie ab.

Ein Ackermann –
ein Wackermann.

Wenn Bauern nicht wären und ihre Gild,
so wär ein Bettelstab der Edelleute Schild.

Rührige Hand
macht aus Felsen Gartenland.

Schmutzige Hand
segnet das Land.

Guter Boden macht den Bauern reich –
aber nicht sogleich.

Das Feld
macht den Bauern zum Held.

Seh' ich den Hof und auch den Mist,
so weiß ich gleich, was an dir ist.

Brachen, pflügen und stark misten
füllt dem Bauern seine Kisten.

Besser ackern und düngen
als beten und singen.

Faulem Wichte
bringt auch der gute Acker keine Früchte.

Der Eggenstaub und Winterfrost
machen die Bauern wohlgetrost.

Wer zuerst in die Wiese geht,
auch das beste Gras stets mäht.

Wer will haben,
der muß graben.

Wer unfruchtbaren Boden baut,
vergeblich nach der Ernte schaut.

Beim Ackern ohne Brach
lassen die Früchte nach.

Wie du wirst säen,
so du wirst mähen.

Schnell gesät
ist besser als zu spät.

Auf schwarzem Acker
wächst der Weizen wacker.

Wo der Pflug von Rost zerfressen,
wird sehr wenig Korn gegessen.

Säet einer Spreu,
ist's mit der Kornernte vorbei.

Kommt die Gerste trocken in die Erd',
ist ein großer Segen dir beschert.

Kratz mir den Nacken,
dann kannst du gut sacken.

Verblühen nur die Kirschen gut,
auch Roggen im Blühen was rechtes tut.

Ist die Krähe nicht mehr weit,
wird's zum Säen hohe Zeit.

In der Gelbreife mähe das Getreid',
denn später tut es dir leid.

Im Korn die Blumen blau und rot
machen dem Bauern liebe Not.

Gras
will naß.

Gras und Heu
ist zweierlei.

Sind die Nesseln reich im Jahr,
ist auch das fette Heu nicht rar.

Wer wässert im Januar und Mai,
bekommt Wiesen ohne Heu.

Später Donner hat die Kraft,
daß er viel Getreide schafft.

Wächst der Roggen in die Stiegen,
wirst du viel Kartoffeln kriegen.

Kommt das Gras erst spät in Gang,
wird es dicht und trotzdem lang.

Hafer in's Nasse
gibt Bünde die Masse.

Wo der Weizen nicht will geraten,
gedeihen wohl noch Hafersaaten.

Die Rübe will gerüttelt sein,
wenn sie wirklich soll gedeih'n.

Raps, Hopfen und Flachsen
schämen sich nicht, auf dem Unkraut zu wachsen.

Wenn jeder seinen Wein beschnitte,
keiner an faulen Reben litte.

Wenig Wasser – viel Wein,
viel Regen – wenig Wein.

Werden früh die Wiesen bunt,
labt ein edler Wein den Mund.

Verblüht der Wein im Vollmondlicht,
er volle, fette Traub' verspricht.

Regnet's in die Hopfenstöcken,
wird das neue Bier nicht schmecken.

Wenn's viel donnert und blitzt,
wenig Korn am Buchweizen sitzt.

Wo der Acker braun,
ist reiche Frucht zu schau'n.

Wenn der Boden ruht,
gedeiht das Unkraut gut.

Wer Unkraut nur ein Jahr laßt steh'n,
kann sieben Jahre jäten geh'n.

Noch eh' der Hederich zu seh'n,
muß man ihm schon den Hals umdreh'n.

Wenn du säst in's freie Land
vor und nach des Neumonds Stand,
wächst kein Unkraut und kein Brand.

Viel Schnee – viel Heu,
aber wenig Obst dabei.

Ein Baum, der dies Jahr ruht,
trägt das folgende doppelt gut.

Je mehr Kohl, je weniger Heu –
diese Regel ist nicht neu.

Wenn die Bohnen üppig geraten,
geraten auch trefflich die anderen Saaten.

Bohnen leg so flach,
daß sie hör'n den Glockenschlag.

Willst du reichlich Erbsen kriegen,
laß ein Schaf dazwischen liegen.

Wer sehr gerne Erbsen mag,
säe am Gründonnerstag.

Blüht der Stock im vollen Licht,
große Beeren er verspricht.

August reift die Beere,
September hat die Ehre.

Düngung ist die Seele vom Ackerbau.
Sie gehören zusammen wie Mann und Frau.

Wer spärlich seinen Acker düngt,
der weiß schon, was die Erde bringt.

Stroh auf den Mist gestreut,
hat keinen jemals gereut.

Wer den Dünger schont,
dem wird schlecht gelohnt.

Knochen, Bein und Haar
düngen hundert Jahr.

Stroh macht die Felder froh,
Laub macht die Äcker taub.

Düng auch die Wiesen,
damit sie sprießen.

Was stinkt,
das düngt.

Dem Düngewagen
soll gleich der Pflug nachjagen.

Halber Mist genügt,
wenn man im Sommer pflügt.

Wer pflegt sein Vieh,
den verläßt es nie.

Wer gut futtert,
der gut buttert.

Zu Georgi (23. 4.) 'naus –
zu Michaeli (29. 9.) wieder nach Haus.

Die gut hauen und gut streuen,
können sich über Kühe freuen.

Im Füttern sei du niemals faul,
die gute Kuh melkt man durch's Maul.

Wenig Milch und wenig Mist
gibt die Kuh, die wenig frißt.

Halte dich an's Hornvieh,
aber nicht an's Kornvieh.

Das Kalb auf der Wiese,
das Schwein in der Scheuer
werden fett und teuer.

Kräht die Henne,
schweigt der Hahn,
ist das Haus gar übel dran.

Pflege dein Pferd wie einen Freund
und reite es wie einen Feind.

Mit dem Futter von gestern geht das Pferd,
mit dem Futter von heute ist's nichts wert.

Hafer ist dem Pferde gut –
aber zu viel übel tut.

Kurze Pferd und lange Schwein
für den Bauern nützlich sein.

Ein Jahr länger ein Fohlen –
zehn Jahre länger ein Pferd.

Bienen und Schafe
ernähren den Menschen im Schlafe.

Wer will Honig schlecken,
darf sich nicht vor Bienenstichen schrecken.

Der Bienen Schwärmen
ist für das Ohr der Imker ein angenehmes
Lärmen.

FRÜHLING

Kommt die Weihe gezogen,
so ist der Winter verlogen.

Kommt die wilde Ent',
hat der Frühling ein End.

Wenn die Drossel schreit,
ist der Lenz nicht weit.

Amsel zeitig,
Bauer freu dich.

Abendrot bei West,
gibt dem Frost den Rest.

Wie das Wetter von Frühlingsanfang bis
Mitte April,
wird es im Sommer sein, so Gott will.

Donnert's in's junge Laub hinein,
wird das Brot bald billiger sein.

Kält und Nachtfrost schädlich sind,
gut dagegen sind die Wind'.

Steigt die Lerche nur stumm und nicht hoch,
kommt ein nasser Frühling noch.

Wenn Nebel kommt beim Blühen,
macht Ernten nicht viel Mühen.

Fährt in die Blüte Donner und Blitz,
bewohnt jede Pflaume ein kleiner Fritz.

Im Frühjahr Sonnenfinsternis
gibt wenig Wein, doch Korn gewiß.

Wenn der Froschlaich im Lenz tief im Wasser
war,
auf trockenen Sommer deutet das;
liegt er flach nur oder am Ufer gar,
dann wird der Sommer besonders naß.

Der Reif in einer einz'gen Nacht
hat oft den Blüten Tod gebracht.

Wenn die Birke Kätzchen hat,
ist es Zeit zur Gerstensaat.

Wer Roggen säet in Schollen,
hat alles im Vollen.

Legst du Kartoffeln im März,
dann treibst du damit Scherz.
Pflanzt du mich im April,
so komm ich, wann ich will.
Pflanzt du mich im Mai,
so komm ich 1, 2, 3!

Eiszapfen an Fastnacht
dem Flachs lange Zöpf' macht.

Schmilzt der letzte Schnee,
streue deinen Klee.

Wenn der April ein guter Mann ist,
tut's den Wiesen gut zu Johannis (24. 6.).

Gibt's in der Fastnacht viele Stern',
legen die Hühner gern.

Wenn das Buchenlaub kommt zum Schein,
dann, Bauer, säe deinen Lein.

Osterferkel, Osterfohlen,
alle Bauern haben wollen.

Wenn der Holunder blüht,
sind die Hühner müd.

Haben zu Lichtmeß (2.2.) die Gänse naß,
so haben die Schafe zu Marien (25.3.) Gras.

Elf Wochen nach Weihnachten,
soll der Bauer seinen Pflug betrachten!

Wenn's reife Erdbeeren gibt zu Pfingsten,
so gibt's nicht Wein zum wingsten.

Pfingstregen
bringt Weinsegen.

SOMMER

Der Sommer ernähret –
der Winter verzehret.

Kuckucksruf und Nachtigall –
Sommer ist es überall.

Hau dein Holz, wenn der Kuckuck schreit,
so hast du im Winter dürre Scheit.

Grünt die Eiche vor der Esche,
hält der Sommer große Wäsche;
grünt die Esche vor der Eiche,
hält der Sommer große Bleiche.

Wildgänse auf offenem Wasser –
der Sommer wird ein nasser.

Wenn die Eichäpfel innen naß befunden,
sie einen nassen Sommer bekunden.

Wenn die Seeschwalben auf Sandbänken
bauen,
kann man auf trockenen Sommer trauen.

Dem Sommer sind Donnerwetter nicht
Schande,
sie nützen der Luft und dem Lande.

Steht das Korn in der Blut,
ist's in sieben Wochen gut.

Regnet's im Sommer kaum,
bleiben die Äpfel nicht am Baum.

Wer Eier für den Winter will aufsparen,
der muß vom August sie aufbewahren.

Ein Bienenschwarm im Mai
ist wert ein Fuder Heu.
Ein Bienenschwarm im Jun'
ist wert ein fettes Huhn.
Ein Bienenschwarm im Jul'
kaum einen Federpul.

Wenn Felix (30. 8.) nicht glückhaft,
der Michel (29. 9.) keinen Tischwein schafft.

Wie Juli und August sein,
so geratet der Wein.

Was die Hundstage (23. 7.–23. 8.) gießen,
muß die Traube büßen.

HERBST

Wie das Wetter am Himmelfahrtstag,
so es den ganzen Herbst sein mag.

Blüh'n die Disteln reich und voll,
ein schöner Herbst dir blühen soll.

Ein pilzreicher Herbst sagt:
Der Winter wird streng und hart.

Fällt im Wald das Laub sehr schnell,
ist der Winter bald zur Stell.

Wenn's Laub spät fällt,
folgt starke Kält.

Baumblüten, die im Herbste kommen,
haben künftigem Sommer die Frucht
genommen.

Ist die Schwarzwurz gut gedieh'n,
kannst du bald den Pelz anzieh'n.

Sind noch die Drosseln im Wald,
wird es noch lange nicht kalt.

Werden die Blätter bald welk und krumm,
so sieh dich nach deinem Ofen um.

Solange der Kiebitz nicht weicht,
ist milde Witterung angezeigt.

Viel Buchnüsse und Eicheln,
dann wird der Winter nicht schmeicheln.

Nordlichtschein
bringt Kälte ein.

Wer im Herbst hell Wetter will,
hat der Winde im Winter viel.

Nordlicht an der Himmelshöh
verkündet zeitig Eis und Schnee.

Ist der Herbst wahr, hell und klar,
hoffe auf ein gutes Jahr.

Wenn die Blätter abfallen beizeit,
verspricht's auf Jahre viel Fruchtbarkeit.

Wer den Acker im Herbst nicht stürzt,
hat seine Ernte zur Hälfte gekürzt.

Wer vor dem Winter pflügt sein Feld,
reiche Ernte als Lohn erhält.

Kält' und Kohl
vertragen sich wohl.

Um Martin (11.11.) schlachtet der Bauer sein
Schwein.
Das muß bis zu Lichtmeß (2.2.) gegessen sein.

Wenn der Täuber noch girrt,
hat der Herbst sich geirrt.

Sind im Herbst die Flüsse klein,
gibt es einen guten Wein.

WINTER

Späte Rosen im Garten
lassen den Winter warten.

Wenn die Tage langen,
kommt der Winter gegangen.

Wenn die Bucheckern geraten wohl,
Nuß- und Eichbaum hängen voll,
so folgt ein harter Winter drauf,
es kommt der Schnee mit großem Hauf.

Wenn die Störche zeitig reisen,
kommt ein Winter von Eisen.

Bau'n die Ameisen große Haufen,
kommt ein strenger Winter gelaufen.

Fängt der Winter zu früh an zu toben,
ist er im Dezember nicht zu loben.

Sperrt der Winter zu früh sein Haus,
hält er sicher nicht lange aus.

Fällt's Buchenlaub früh und schnell,
wird der Winter streng und hell.

Ist der Nußbaum früchteschwer,
kommt ein harter Winter her.

Sitzt die Birne fest am Stil,
bringt der Winter Kälte viel.

Fällt der erste Schnee in' Dreck,
so ist der Winter ein Geck.

Bleibt der Vorwinter fern,
so kommt der Nachwinter gern.

Bei Donner im Winter
ist viel Kälte dahinter.

Je stärker die Bäume im Walde knacken,
je härter wird der Winter packen.

Wenn der Eichbaum lang sein Laub behält,
dann folget im Winter meist strenge Kält'.

Ist die Hechtensleber der Galle zu breit, vorn spitz,
nimmt Winter lange Zeit in Besitz.

Donner im Winterquartal,
bringt uns Kälte ohne Zahl.

Mondfinsternis bei Winterszeit im Norden
ist Ursach stets von großer Kält geworden.

Sternschnuppen im Winter in heller Masse
melden uns Sturm und fallen in's Nasse.

Wenn die Bäume zweimal blühen,
wird der Winter sich lang hinziehen.

Heller Mond und strenge Kält'
lange nicht zusammenhält.

Gestrenge Herren regieren nicht lange,
drum sei bei strengem Frost nicht bange.

Weißer Nebel im Winter –
da ist Frost dahinter.

Entsteiget Rauch gefror'nen Flüssen,
so ist auf strenge Kält zu schließen.

Wenn vor Kälte krachen die Steine,
so kommen die Kürschner auf die Beine.

Wieviel Tage vom ersten Schnee bis zu Neumond fallen,
so oft soll im Winter der Schnee auch ballen.

Steigt winters ein dichter Nebel auf,
gibt's Glatteis im nächsten Tageslauf.

Liegt im Winter kahl das Land,
zieht's das Wasser aus dem Land.

Im Winter darf man nicht um Regen bitten –
im Sommer ist er gern gelitten.

Gewitter über'm kahlen Baum –
langer Wintertraum.

Fällt das Laub sehr zeitig,
wird der Winter eisig.

Winter weich –
Kirchhof reich.

Früher Vogelsang
macht den Winter lang.

Wenn die Ameisen sich zeigen,
ist vorbei des Winters Reigen.

Auf einen Winter, kalt und weiß,
folgt eine gute Ernte zumeist.

Tummeln die Krähen sich noch,
bleibt noch des Winters Joch.
Wenn sie vom Felde verschwinden,
wird sich bald Wärme finden.

Ammer und Haubenlerche
sagen, der Winter ist hinter'm Berge.

Donnert's im Advent,
der Raps danach verbrennt,
der Wind und auch der Regen
wird sich so bald nicht legen.

Die Erde muß ihr Bettuch haben,
soll sie der Winterschlummer laben.

Vor Advent den Donnerschlag
das Korn gar gut vertragen mag.

Silvesterwind und warme Sonn'
verdirbt die Hoffnung auf Wein und Korn.

Ist's in diesem Jahre trocken,
gibt's im nächsten guten Roggen.

Wenn Winde wehen im Advent,
so wird uns viel Obst gesend't.

Wer will fette Ochsen schlachten,
muß sie fett han bis Weihnachten.

Hocken die Hühner in der Ecken,
kommt bald des Winters Frost und Schrecken.

Wenn das Huhn sich mausert vor dem Hahn,
werden wir einen harten Winter han.

Wenn die Biene das Haus verklebt,
wird ein strenger Winter verlebt.

Ist der Winter warm,
wird der Bauer arm.

Das Wetter

Gutes Wetter
ist des Bauern Retter.

Das Glück, so uns der Morgen bracht',
dauert selten bis zur Nacht.

Auf gut Wetter trau,
beginnt der Tag nebelgrau.

Zeigt die Sonne bis elfe sich,
neigt sie erst am Abend sich.

Wenn kurz vor Vollmond der Sonnenaufgang
neblig war,
wird's Wetter in den nächsten Tagen warm
und klar.

Der Morgen grau, der Abend rot –
ist ein guter Wetterbot.

Der Abend rot, der Morgen grau –
gibt das schönste Tagesblau.

Wenn abends dicker Nebel liegt,
dann das schönste Wetter siegt.

Froschkonzert am Abend –
wird das Wetter labend.

Der Abend rot und weiß das Morgenlicht,
dann trifft der Wand'rer böses Wetter nicht.

Spinne am Abend –
süß und labend.

Abendrot –
Gutwetterbot.

Staubregen wird guter Bote sein,
schön trocken Wetter tritt dann ein.

Wenn die Schnecke ein grünes Blatt mit sich
führt,
es gewiß gutes Wetter wird;
belastet sie sich mit Grund,
so tut sie starken Regen kund.

Wenn im Moor viel Irrlicht steh'n,
bleibt das Wetter lange schön.

Der Föhn
macht das Wetter schön.

Sonne warm
macht niemand arm.

Kiebitz tief und Schwalbe hoch –
bleibt trocken Wetter noch.

Kraniche, die niedrig zieh'n,
deuten auf warmes Wetter hin.

Ameis und Spinne auf allen Pfaden,
dann wird das Wetter gut geraten.

Steigt die Lerche hoch, singt sie lange oben,
habt ihr bald das liebste Wetter zu loben.

Siehst du Nebel auf See und Auen,
kannst du getrost auf schön Wetter bauen.

Häufiger, starker Tau
hält den Himmel blau.

Eine Elster allein ist schlechten Wetters
Zeichen,
doch fliegt das Elsternpaar, wird's schlechte
Wetter weichen.

Wenn Spinnen fleißig weben im Freien,
läßt sich dauernd schön Wetter prophezeien;
weben sie nicht, wird's Wetter sich wenden,
geschieht's bei Regen, wird er bald enden.

Geben die Johanniswürmchen ungewöhnlich
viel Licht,
so ist schön Wetter in Sicht.

Wenn die Mücken heute tanzen und spielen,
sie das morgige gute Wetter fühlen.

Wenn alle Ochsen spielen, toben und ländern,
will sich das Wetter ändern.

Singt die Grasmücke, eh' treiben die Reben,
will Gott ein gutes Jahr uns geben.

Wer's Wetter scheut,
kommt niemals weit.

Wenn am Morgen kein Tau gelegen,
warte bis Abend auf sicheren Regen;
fällt aber Regen wie feiner Staub,
an gut Wetter glaub'.

Wenn die Roßkäfer am Morgen fliegen,
werden wir mittags Regen kriegen.

Ein Regenbogen am Morgen
läßt für Regen nicht sorgen.

Steigt morgens Nebel empor,
so steht Regen bevor.

Früher Sonnenschein
bringt abends Regen ein.

Morgenrot
mit Regen droht.

Morgenrot
hebt im Teich das Boot.

Frühregen und Brauttränen
dauern so lang wie's Gähnen.

Regenbogen am Morgen –
des Hirten Sorgen;
Regenbogen am Abend –
den Hirten labend.

Wenn die Finken vor Sonnenaufgang singen,
wird der Tag wohl Regen bringen.

Wenn die Schlammspreizker aus dem Wasser wollen,
wird bald ein Gewitter rollen.

Kommen die Kühe abends lange nicht nach Haus,
so bricht am nächsten Tag schlecht Wetter aus.

Reißt die Spinne ihr Netz entzwei,
kommt ein Regen bald herbei.

Bellt der Fuchs im grünen Wald,
stellt sich ein der Regen bald.

Wenn die Gänse stehen auf einem Fuß,
dann kommt ein Regenguß.

Laufen die Hühner nicht unter's Dach vor'm Regen,
so bleibt er nicht lange zugegen.

Wenn die Sonne sticht,
der Bauer spricht:
Die Kühe beißen und brommen,
es wird ein Regen kommen.

Wenn die Vögel putzen die Federn,
wollen sie den Regen ködern.

Sonnenschein hat den Brotschrank nie geleert,
aber Nässe den Mangel oft vermehrt.

Wenn die Pirole emsig kreischen,
wird bald Regen niederträufeln.

Wenn die Schwalben das Wasser im Fluge
berühren,
so ist Regen zu spüren.

Geht der Fisch nicht an die Angel,
ist an Regen bald ein Mangel.

Wenn die Sonne scheint sehr bleich,
ist der Tag an Regen reich.

Es ist umsonst das Feld bestellt,
wenn keine Sonne es erhellt.

Erst Sonne, dann Regen,
kann die Früchte bewegen.

Gewitter ohne Regen
ist ohne Segen.

Wenn die Mücken im Schatten spielen,
werden wir bald Regen fühlen.

Wenn das Gewitter schnell vorbei,
kommt bald ein and'res an die Reih'.

Nach Schnee und Regen
kommt Segen.

Wenn es blitzt vom Westen her,
deutet's auf Gewitter schwer.
Kommt vom Norden her der Blitz,
deutet es auf große Hitz'.

Wenn der Hund das Gras benagt,
und die Frau ob Flöhen klagt,
der Rauch will nicht zum Schornstein raus,
kommt bald ein Regen über's Haus.

Ziehen die Wolken dem Wind entgegen,
gibt es andern Tag Regen.

Regenjahr – Notjahr.
Schneejahr – Brotjahr.

Nicht immer kommt ein Regen,
wenn die Wolken sich bewegen.

Schwalben tief im Fluge –
Gewitter kommt zum Zuge.

Frißt der Hund viel grünes Gras,
gibt es bald von oben was.

Regen bei Sturm und Wind
legt den Sturm geschwind.

Wenn die Katzen sich lecken und streichen,
das Vieh sich reibt den Hals, die Weichen,
dann sei der Himmel noch so schön –
der Regen kommt, das wirst du seh'n.

Wenn die Katzen sitzen am Feuer,
ist der Regen nicht geheuer.

Wenn die Kröten fleißig laufen,
wollen sie bald Regen saufen.

Siehst du die Katze gähnend liegen,
weißt du, daß wir Gewitter kriegen.

Springende Fische
bringen Gewitterfrische.

Wenn der Laubfrosch schreit,
ist der Regen nicht weit.

Kriecht die Spinne vom Netz zum Loch,
gibt's am Tag Gewitter noch.

Stechen böse Fliegen,
werden wir Gewitter kriegen.

Wenn die Krähen schrei'n,
stellt sich Regen ein.

Frösche auf Wegen und Stegen
deuten auf baldigen Regen.

An mäßigem Regen
ist viel gelegen.

Eilt die Gans zum Badeteich,
kommt eine Regenwolke gleich.

Ist Regen mit neuem Licht,
an Regen es dann nicht gebricht.

Wenn der Staub sich lange in der Luft aufhält,
gewißlich auch bald Regen fällt.

Scheint Sonne auf das nasse Blatt,
gibt's von oben wieder wat.

Ist die Spinne träg zum Fangen,
Gewitter bald am Himmel hangen.

Gewitter in der Vollmondzeit
verkünden Regen weit und breit.

Schäfchenwolken ziehen nach
Regen schon am dritten Tag.

Hagel im Feld
bringt Kält'.

Blühen Eschen vor den Linden,
wirst du wenig Wasser finden.

Wirft der Storch eins von der Jungen Schar,
so gibt es ein trockenes Jahr.

Halten die Krähen Konzilium,
dann sieh' nach Feuerholz dich um.

Höhenrauch braun und dick,
bricht dem Wetter das Genick.

Kommt die Feldmaus in's Dorf,
so sorg für Holz und Torf.

Gräbt sich der Hamster tief hinein,
wird balde schlechtes Wetter sein.

Das Wetter kennt man am Winde –
wie den Herren am Gesinde.

Weht's bei Neumond her vom Pol,
bringt es kühles Wetter wohl.

Sonnenhof bei Nord und Ost
bedeutet Glatteis und rauhen Frost,
aber bei Süd bedeutet er Tau,
Sturm und Regen bei West genau.

Wenn der Klee aufrecht steht,
bald ein Sturm darübergeht.

Wenn kleiner Regen will,
macht großen Wind er still.

Wenn Ostwind lange steht,
ein teures Jahr entsteht.

Weht der Wind dauernd aus Süden,
ist uns bald Regen beschieden.

Südwind kalt –
wird selten drei Tage alt.

Südwind bringt Regen, Nordwind Dürre –
danach richte dein Geschirre.

Westwind und Abendrot
machen die Kälte tot.

Westenwind
erfreut manch Fischers Kind.

Der Nordwind ist ein rauher Vetter,
doch er bringt beständig Wetter.

Der Wind vor Mitternacht
hart' Wetter bracht'.

Ist's morgens rot vor'm Sonnenloch,
regnet's nicht, so windet's doch.

Wenn Hennen viel im Staube wühlen,
ist's, daß sie Stürme nahen fühlen.

Neumond mit Wind
ist zu Regen oder Schauer gesinnt.

Gibt Ring sich und Hof die Sonn' und der Mond,
bald Regen und Wind uns nicht mehr verschont.

Wenn der Mond neu worden,
so merke diesen Orden:
Scheint er weiß,
so ist das Wetter schön und rein;
scheint er rot,
so ist er ein Windesbot;
scheint er bleich,
so ist es feucht und regenreich.

Vollmond mit Wind
ist zu Regen gesinnt.

Flimmernde Sterne
bringen Wind recht gerne.

Weitere Sprüch-Bücher im W. Ludwig Verlag

Von Josef Fendl:

Bayerisches Bauernbrevier, 1984; DM 29,80
Bayerischer Bauernschmaus, 1986; DM 29,80
2000 Bauernseufzer, 1980; DM 29,80
Das Freitagsschnitzel, 1988; DM 29,80
Nix wie lauter Sprüch, 1975; DM 19,80
Nix wie lauter Sprüch. Dritte Folge, 1979; DM 19,80
Sprüch über die Bauern, 1990; DM 14,80
Sprüch über die Beamten, 1989; DM 14,80
Sprüch übers Bier, 1989; DM 14,80
Sprüch über die Handwerker, 1989; DM 14,80
Sprüch über die Lehrer, 1990; DM 14,80
Sprüch über die Lehrerinnen, 1991; DM 14,80
Sprüch über d' Leut, 1992; DM 14,80
Sprüch über die Liebe, 1991; DM 14,80
Sprüch über d' Mannerleut, 1991; DM 14,80
Sprüch über die Pfarrer, 1989; DM 14,80
Sprüch über d' Weiberleut, 1991; DM 14,80
Weiß-Blaues schwarz auf weiß. Ein heiterer Sprachführer durch das Bairische, 1990; DM 24,80
Namen gibt's...! Ein unterhaltsamer Streifzug durch die Geschichte unserer Namen, 1992; DM 19,80